Hülya Baba

Die traditionelle kurdische Küche
Ein Kochbuch

Xwarinên kevneşopiyên kurdan
Pirtûkeke xwarinê

Edition Orient

Naverok

Inhalt

Naverok

Inhalt

Pêşgotin

Pêşgotin

Ez bi kêfxweşî xwarinan çêdikim!
Lê belê bi kêfan xwarin çêkirin tiştekî ye, nivîsandina pirtûka xwarinan tiştekî din e.

Ez bi tesadufî bûm nivîskara pirtûka xwarinan. Carna min ji mal xwarin dibir ji bo hevalên xwe yên kar û xwarinên min pir xweşa wan diçû.

Gava me bi hev re xwarin dixwar, me tim li ser xwarinê sohbet dikir. Gelek pirsên hevalên min hebûn, herî pir li ser çêkirin û çanda xwarina kurdan ji min dipirsîn. Ez kurd im, loma ez xwarinên kurdî dizanim; ez wan xwarinan bi piranî ji dayik û pîrika xwe li welatê xwe hîn bûm.

Bi vî sedemê ez dixwazim xwarinên kurdî ji bo cîranên xwe û kesên li Almanyayê dijîn, bidim nasandin. Min xwest, ku ez bi wê xebata xwe çanda xwarin û çanda gelê kurd li Almanyayê bidim nasandin, ku ev li vir gelek kêm tê nas kirin. Ez hêvî dikim, ku berhema min bibe alîkar ji bo vê armancê.

Ez vê berhema xwe diyarî ji gelê kurd dikim, ku ev çanda kevnar wenda nebe.

Ez dixwazim ji hin kesan re sipasiyên xwe pêşkeş bikim, ku bêyî alîkarî û piştgiriya wan ev pirtûk dernediket holê. Bi taybetî ji xwesî û xwezûrê xwe Zelîxan û Kazim Baba re, ji malbata xwe û malbata Baba re pir sipas dikim. Gelek sipas ji Ilanit Doege re, ku me bi hev re ev pirtûk wergerand almanî. Gelek sipas ji Christina Fischer re, ku wêneyên xwarinan kişandine.

Hülya Baba

Xwarinên ku di vê pirtûkê de cî digrin ji bo 4–6 kesî ne.

Die Mengenangaben in diesem Buch sind für 4–6 Personen gedacht.

Vorwort

Ich koche gerne! Aber gerne zu kochen und ein Kochbuch zu schreiben, das sind zwei ganz verschiedene Sachen. Und ich bin auch eher durch Zufall zur „Autorin“ geworden. Und das kam so: Ab und an habe ich meinen Arbeitskollegen Kostproben von zu Hause mitgebracht. Es schmeckte Ihnen! Und nach und nach wurde daraus eine Gewohnheit, alle freuten sich, wenn Hülya wieder etwas mitbrachte. Und mit dem gemeinsamen Essen drehten sich die Tischgespräche immer mehr ums Essen und Kochen. Fragen zur Zubereitung, aber vor allem zur kurdischen Küche und kurdischen Kultur wurden die bestimmenden Themen. Denn ich bin Kurdin und koche natürlich hauptsächlich das, was ich von meiner Mutter und Großmutter gelernt habe und was in meiner alten Heimat üblich war.

Und so möchte ich mit diesem Buch die traditionelle kurdische Kochkultur bekannter machen: Für all meine Nachbarn und Mitmenschen in meiner neuen deutschen Heimat. Denn sie wissen wenig über die Kochkultur, aber auch sonst kaum etwas über die Traditionen und Lebensweise der Kurden. Eine Prise Kulturförderung darf es schon sein!

Aber ich widme dieses Buch auch allen Kurden: Auch für sie habe ich aufgeschrieben, was ich noch durch Zuschauen gelernt habe, was aber in der Art immer mehr verloren geht bzw. sich immer schneller ändert. Und so habe ich bewusst die traditonelle Art der Zubereitung festgehalten.

Dieses Kochbuch wäre aber nicht zustande gekommen, wenn mich nicht einige Menschen immer wieder ermutigt hätten. So gilt mein ganz besonderer Dank meinen Schwiegereltern Zelihan und Kazim Baba und meiner Familie. Ohne ihre Anregungen und ohne ihre Kritik wäre dieses Buch wohl noch lange nicht erschienen!

Ilanit Doege hat die Texte mit mir zusammen ins Deutsche übersetzt. Christina Fischer hat die Fotos der Gerichte aufgenommen. Auch ihnen beiden gilt mein tiefer Dank!

Hülya Baba

Çanda xwarina kurdan

Di erdkolandinên li herêma Botan, Çayonu, Newala Çolî û dawî de jî li Göbekli Tepe de hat dîtin ku ciyê danişînên herî kevnar li cîhanê li wê heremê ye.

Beriya ciyên danîşîn komên îptîdayî di xwezayê (siruşt) de çi dîtine, bi wan qîma xwe anîne. Dema derbasî jiyana danîşin bûne, hewcetiya wan bi kedîkirina terşan û bi rençberî bûne. Danişînên herî pêşîn ên kevnar her wiha şaristaniya herî ewil li Kurdistanê çêbûye.

Ji ber wî sedemê jî çanda xwarina kurdan ji dema şaristaniya ewil de dest pêdike, bi pêşveçûnan heta niha tê û didome. Di erdkolanên Çayonu û Newala Çolî de rastî kedîkirina terşan (pez û dewar) û berhemên terşan hatine. Kedîkirina terşan, hacetên ji bo berhemên wan, çêkirina hacetan ji bo wan armancan, veşartina berhemên terşan li Kurdistanê ji dema neolotîk heta hatina berhemên sanayî (sedsala 20 an) li gor hewcetiya bi pêşvebirin heta îro hatiye. Ew îro jî gelek caran tên bi kar anîn.

Dema berê de; hacetên ku ji bo agir bûn; wek kûz, kûzik, dîz, dîzîk, tendûr hwd. ew ji xweliyê; wek kevçî, kodik, hesk hwd. jî ji daran dihatin çêkirin.

Gelê kurd daniştiyê mezopotamya ku şêmûga şaristaniya cihanê ye. Li hember gelek zordestî û zehmetiyan heta îro gelê kurd jiyana xwe li Bakûrê Mezopotamyayê domandiye. Îro ji wê herêmê re, ku kurd lê dijîn, Kurdistan tê gotin. Kurdistan bi qasê 500 hezar çarçik e. Firehiya wê bi qasî erdê Fransayê ye.

Malbata min Serhedî ye. Ji

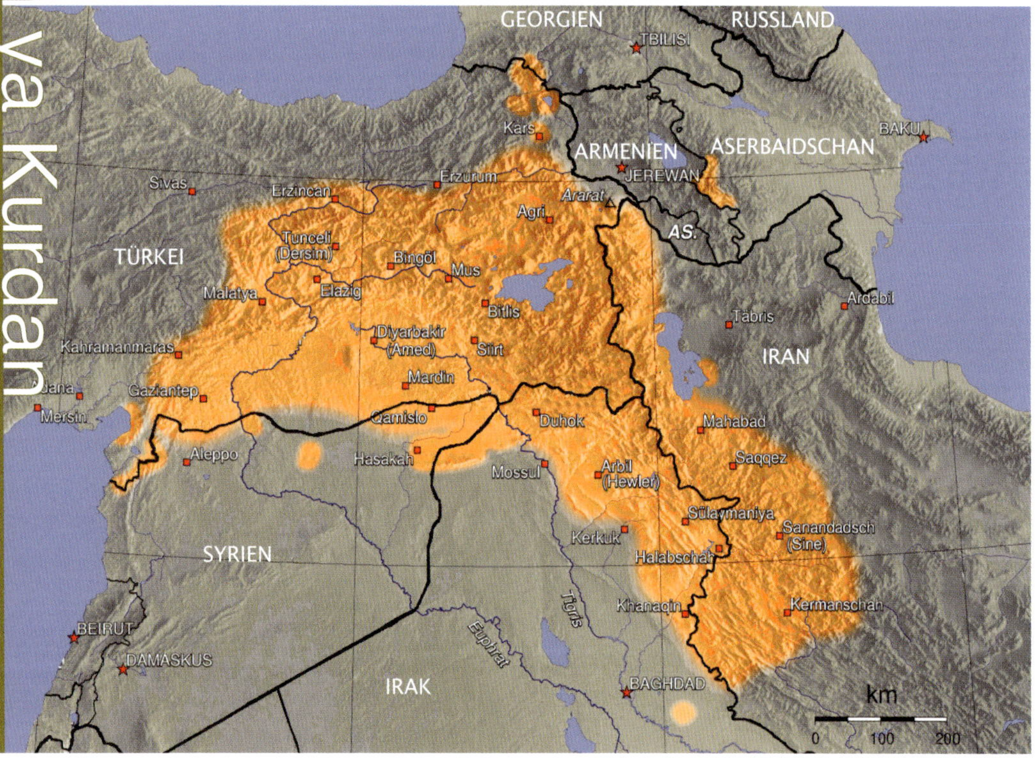

Die Esskultur der Kurden

Ursprüngliche Küche hat immer etwas mit der Geschichte eines Landes zu tun. In den Gebieten Cayönü und Newala Coli haben Archäologen durch Ausgrabungen belegt, dass die Vorfahren der heutigen Kurden hier ansässig waren. Bevor sie sesshaft wurden, waren sie Jäger und Sammler, ernährten sich von Früchten und Beeren sowie dem erlegten Wild. Mit der Sesshaftigkeit wurden sie Viehzüchter und Bauern. Die heutige kurdische Esskultur hat ihren Ursprung genau in dieser Zeit der ersten mesopotamischen Hochkulturen und hat sich bis heute nur wenig verändert. Auch viele Alltagsgegenstände sind noch sehr ursprünglich. Feuer-festes Geschirr (z.B. kuz, kuzik, diz, dizin und tendur) wird heute noch aus Lehm und Ton hergestellt.

Ursprüngliche Küche hat aber vor allem mit der Beschaffenheit des Landes zu tun und mit den klimatischen Bedingungen. Das Siedlungsgebiet der Kurden hat eine Fläche von ca. 500 000 km^2, ist also mit der Ausdehnung Frankreichs vergleichbar. Bei dieser Größe sind auch die natürlichen Gegebenheiten nicht einheitlich.

Meine Familie stammt aus der Region Serhed, aus der Nähe der Stadt Muş/Varto. Diese Region liegt im Norden des kurdischen Siedlungsgebietes und gehört heute zum östlichsten Teil der Türkei. Und so entsprechen meine Rezepte auch der Esskultur, wie sie im Serhed üblich ist bzw. war.

Das Serhed ist eine gebirgige Region. Die Sommer sind kurz und heiß, die Winter lang und hart. Was die Kurden im Sommer geerntet oder gesammelt hatten, musste für die schneereichen Winter reichen. Deshalb spielte die Konservierung der Lebensmittel eine große Rolle: Milch machte man haltbar, indem man ihr das Wasser entzog und sie zu Käse oder gesalzenem Joghurt verarbeitete. Fleisch musste schnell gekocht werden, um Keime und Krankheitserreger abzutöten. Dann wurde es gebraten und anschließend in Tontöpfen an kühlen Orten gelagert. Fleisch wurde aber auch getrocknet, genauso wie Obst, Gemüse und Kräuter und tief in der Erde gelagert. Getreide wurde in Depots aus Holz oder Ton aufbewahrt. Manche Gerichte wurden nur zu bestimmten Jahreszeiten gekocht, weil manche Gemüsesorten wie Kürbis oder grüne Bohnen nur während des Frühlings im Hochgebirge geerntet werden konnten und nicht gut aufzubewahren waren.

Die Hauptnahrungsprodukte der Kurden bestanden aus Fleisch, Milch (von Kühen und Schafen) und Getreide wie Weizen oder Dinkel. Gerade Weizengrütze, inzwischen auch in Deutschland als Bulgur bekannt, ist aus der kurdischen Küche nicht wegzudenken. Zucker wurde bis vor kurzen nicht verwendet, gesüßt wurde mit Honig oder

Muş-Vartoyê (Gimgim) ye. Ev navçe li herêma bakûrê Kurdistanê ye. Xwarinên ku di vê pirtûkê de cî girtine, ji herêma Serhedê ne. Serhed herêmeke çiyayî ye, hewa ya wê reşayî ye. Havînan kin û germ, zivistanan jî sar û dirêj dom dike.

Kurdan, berhemên ku di dema germ de bi dest xistine, daku bikarin wan zivistanê jî bi kar bînin, metodên xwezayî yên cûrbecûr dîtine/afirandine. Metodên xwezayî ku wan dîtine, hîn jî ew metodan tên bi kar anîn. Tiştên ku ji xwezayê kom kirine, an jî ji bax û baxçeyan, ji zeviyan pê da kirine, an di erdê de vêşatine (parastin), an jî di nav runê helandî de. Herwiha di ciyekî sar de ev parastine. Ew metodan hîn jî tên bi kar anîn.

Fêkî û hêşînayî jî carna di ava şor de, carna jî fêkiyan wek (kundir û lobî) kaxên hişk kirî vedişartin û hîn jî tên veşartin.

Berhemên pez, wek goşt û şîr jî li gor metodên xwe bi pêş ve birine, da ku bikaribin li zivistana sar û dirêj de bi kar bînin. Goşt, bi piranî wek qelî diqelînin û di ciyên sar de vedişêrin.

Caran goşt hişk dikin, an ji duday dikin dihêlin ji bo zivistanan. Berhemên şîr jî wek penîr, ji parzûnê derbas dikin, mast û toraq hişk dikin, dikin çortan dihêlin ji bo zivistanê.

Veşartina zad û zaxîre hesantir e. Gor hewcetiyan sawar, dan, ard, zad di kewaran, an jî di xizan de vêdişêrin ji bo zivistanê.

Xwarina Kurdan bi piranî ji goşt, şîr, ard û genim wek topik û kose bûn. Şekir heta demek berê nedihat bi kar anîn. Şîrînayî ji hingiv an jî ji fêkiyan dihat çêkirin.

xwezayî ye, ku hin xwarin bi navekî din, an jî bi hinek guhertinan li heremên Tirkan de jî hebin. Dibe ku bi şiklekî din, di nav ecaman de jî werin bi karanîn. Lê ev ne sedem in ku ez pirtûka xwarina kurdî nenivîsînim. Dibe ku spekulasyon bê kirin, kîjan xwarin ji kîjan bingehê tê. Xwarina kurdî taybetmendiya xwe parastiye. Loma xwarinên kurdî ji xwarinên din cudatir in. Wek mînak xwarinên tevayî de bi piranî rûnê zeytê, an jî rûnen nebatî tên bi karanîn, lê xwarinên kurdan bi rûne dewaran tên çêkirin. Ecem xwarinên şirîn û şor, yan jî birinc bi kişmîşan çêdikin, ku ji kurdan re xerîb e. Xwarina kurdî bi tûjbûna xwe, xwe ji xwarinên Stenbol û Tehranê cuda dike.

Di çanda xwarina kurdan de şeş demên xwarinê hene; xûrinî di navbera saet 05:00an û 09.00an de, taştê di navbera saet 09:00 an û 11.00an de, fravîn (navroj) di navbera saet 12:00an û 15:00an de, esir di navbera saet 16:00an û 18:00an de, şîv di navbera saet 19:00an û 20:00an de, paşîv di navbera saet 20:00 an û 24:00an de tên xwarin.

Balkêşî û xweseriya xwarinên kurdî hene, helbet meriv dikare hin taman lê zêde bike. Her kevanî dikare li gor xwe tiştan lê zêde bike, an jî li gor fantaziyên xwe nûjen bike.

Hülya Baba

durch Zusatz von Früchten.

Natürlich findet man manche Gerichte unter anderem Namen oder in ähnlichen Varianten auch in der türkischen Küche. Selbstverständlich gibt es auch Überschneidungen mit der persischen Kochkutur. Aber das tut meinem Anliegen, ein kurdisches Kochbuch zu schreiben, keinen Abbruch. Denn es ist müßig darüber zu spekulieren, wer welches Rezept „erfunden“ hat. Die kurdische Küche hat ihren eigenständigen Charakter bewahrt, der sie auch von anderen Kulturen abgrenzt. So wird in der mediterran geprägten Küche viel mit Öl – vor allem Olivenöl – gekocht, in Kurdistan eher mit Butter. Die Perser lieben die süß-salzigen Kombinationen, wie z.B. Reis mit Rosinen, die uns eher fremd sind. Von den höfischen, städtischen Kochkulturen Istanbuls oder Teherans unterscheidet sich die kurdische Küche vor allem durch ihre Schlichtheit. Ihr fehlt der Zugriff auf die Vielzahl an Zutaten und Gewürzen, die man in städtischen Kulturen antrifft und die deren Oppulenz und Abwechselungsreichtum ausmacht.

Traditionell nehmen die Kurden sechs Mahlzeiten täglich ein: Zwischen 5:00–9:00 Uhr gibt es einen ersten Frühstücksimbiss (Xurini), das Hauptfrühstück (Taste) gibt es zwischen 9:00–11:00 Uhr. Das Mittagessen (Fravin) wird zwischen 12:00–15:00 Uhr eingenommen, die Nachmittagsmahlzeit (Esir) zwischen 16:00–18:00 Uhr. Sir, das so genannte Abendessen, wird zwischen 19:00–20:00 Uhr gegessen und Pasiv, das Nachabendessen, zwischen 20.00–24.00 Uhr.

Sechs Mahlzeiten am Tag hört sich viel an, aber wenn man bedenkt, wie anstrengend die Feldarbeit früher war und dass ein Arbeitstag schon um 4:00 Uhr begann, so erklärt sich der hohe Kalorienbedarf und die vorherrschende deftige Kost.

Die Beschäftigung mit der traditionellen kurdischen Küche hat ihren eigenen Reiz, aber man sollte dabei nicht stehen bleiben. Heute darf man ruhig ein paar Gewürze mehr benutzen, als es früher üblich war, statt Wasser zum Kochen wird man heute eher Brühe benutzen. Jeder Koch weiß, dass der Spaß beim Kochen erst anfängt, wenn man die eigene Phantasie walten lässt und sich vom Alten zum Neuen inspirieren lässt.

In diesem Sinn wünsche ich allen Lesern viel Spaß beim Kochen und Appetit eim Essen

Hülya Baba

Suppen

Şorbe

Şorbeya nîskan

Malzeme:

1 lt. av
100 gr. nîsk
50 gr. sawara gir
1 kevçiya qehweyê, îsota hêrandî
1 kevçiya qehweyê, xwê
1 kevçiya xwarinê, rûn
1 kevçiya qehweyê, pûng
1 kevçiya xwarinê, ava mirîşkan
1 kevçiya xwarinê, salçe
1 pîvaz
1 kevçiya xwarinê, ard

Çêkirin:

Nîskan heta ku rind nerm bûn, bikelînin. Ava nîskan vala kin. Pîvazan hûr kin di rûn de biqelînin. Îsot, pûng, salçe û xwê têkin nav. 5 (1lt.) îskanên avê berdin nav û ava mirîşkan lê zêde bikin. Nîskan tevî sawar têkin nav û bikelînin.

Grüne Linsensuppe

Zutaten:

1l Wasser
100 g grüne Linsen
50 g Bulgur (Weizengrütze) grob gerieben
1 TL Paprika edelsüß (gerieben)
1 TL Salz
1 TL getrocknete Pfefferminze
1 EL Butter
1 EL Gemüsebrühe
1 Zwiebel
1 EL Tomatenmark
1 EL Weizenmehl

Zubereitung:

Die Linsen in Wasser weich kochen. In einem anderen Topf die fein gehackte Zwiebel in Butter andünsten. Paprika, Tomatenmark, Pfefferminze, Salz und zuletzt das Mehl zugeben, kurz anschwitzen. Die Linsen und den Bulgur dazugeben, verrühren und mit der Gemüsebrühe auffüllen. Die Suppe kurz aufkochen lassen, dann noch ein paar Minuten ziehen lassen.

Girara Dew

Malzeme:

1 kg mast
1,5 lt. av
250 gr. danên kutandî
50 gr. nok
1 hêk
1 kevçiya xwarinê, ard
1 serî pîvaz
1 kevçiya xwarinê, rûn
1 kevçiya xwarinê, îsota sor ya ne tûj
destekî pûng (200 gr.) an jî 1 kevçiya xwarinê, pûng
1 kevçiya xwarinê, rihan
1 kevçiya xwarinê, xwê

Çêkirin:

Dan heta ku nerm bû bikelînin. Nokan jî hetanî ku nerm bû bikelînin. Hêk, xwê û ardan li mast bixînin, tev bidin, dûre avê têkin nav û dîsa tev bidin, bila bibe wek avmast. Dan li tevî nokan berdin nav avmast û avmastê tev bidin heta ku avmast keliya. Di quşxaneyekê cihê de pîvazan hûr hûr bikin, nav rûn de biqelînin, îsot, pûng, rihan têkin nav û hemiyan berdin nav danên ku bi avmast ve dikele.

Buttermilchsuppe

Zutaten:

1 kg Joghurt
1,5 l kaltes Wasser
250 g Weizen für Asure (gibt`s in orientalischen Lebensmittelläden)
50 g Kichererbsen
1 Ei
1 EL Weizenmehl
1 Zwiebel
1 EL Margarine
1 TL Paprika (edelsüß)
1 Bund frische Pfefferminze (oder 1 EL getrocknete Pfefferminze)
1 Bund frisches Basilikum (200 g) oder 1 TL getrocknetes Basilikum
1 EL Salz

Zubereitung:

Weizenkörner und Kichererbsen in Wasser kochen, bis sie weich sind.
In einer Schüssel Joghurt, Salz, Ei und Mehl mit einem Schneebesen verrühren und mit 1,5 l Wasser auffüllen.
Diese Masse zu den Weizenkörnern und Kichererbsen geben und unter ständigem Rühren zum Kochen bringen.
In einer Pfanne die fein gewürfelte Zwiebel mit geriebener Paprika, Basilikum, Pfefferminze in Butter andünsten und zum Schluss unter die Suppe rühren.

Şorbeya gilorîkan a bi goşt

Malzeme:

2 pîvaz
500 gr. goştên kişandî
250 gr. sawara hûr
1 hêk
1 kevçiya xwarinê, îsota hêrandî
2 kevçiya xwarinê, rûnê dawar
1 kevçiya xwarinê, pûnga hişk
1 kevçiya xwarinê, salçe
1 kevçiya xwarinê, xwê
1 kevçiya xwarinê, ard
100 gr. erişta hûr

Çêkirin:

Pîvazan li rendê bixin. Pîvazên hûrkirî, sawar, goştên kişandî, îsot, xwê û hêkan bi îskaneke av ve hevîr bikin. Wî hevîrî bi qasê findiqan gilor çêbikin û bavêjin nav 1 l ava ku di quşxaneyê de dikele. Di taweyekê de pîvazên mayî yên hûrkirî, salçe û pûng di nav rûn de biqelînin, dû re hinek ardan lê zêde bikin û tev biqelînin. Dû re nîv îskan avê lê zêde bikin û wê têkin quşxaneya gilorîkan. Dawî de eriştê têkin quşxaneyê û gişt bi hev re bikelînin.

Suppe mit Hackfleischklößchen

Zutaten:

2 Zwiebeln
500 g Hackfleisch (vom Lamm oder Rind)
250 g feinen Bulgur (Weizengrütze)
1 Ei
1 EL Paprika edelsüß (gerieben)
2 EL Butter
1 EL getrocknete Pfefferminze
1 EL Tomatenmark
1 EL Salz
1 EL Weizenmehl
100 g Suppennudeln (oder China-Nudeln)

Zubereitung:

Die Zwiebel fein in eine Schüssel reiben. Bulgur, Hackfleisch, Paprika, Salz, 200 ml Wasser und 1 Ei dazugeben daraus einen geschmeidigen Teig kneten. Diese Masse zu haselnussgroßen Klößchen formen und in ca. 1 l kochendes Wasser geben.
In einer Pfanne klein gehackte Zwiebeln in Butter andünsten, Tomatenmark und Pfefferminze hinzugeben. Nach ca. 1 Min. das Mehl dazugeben. Das Ganze mit 100 ml Wasser aufgießen und in den Topf zu den Klößchen geben. Zum Schluss die Chinanudeln dazu geben und alles aufkochen lassen.

Şorbeya gilorîkan a bê goşt

Malzeme:

250 gr. sawara hûr
50 gr. nok
100 gr. lobiyên hêşîn
50 gr. nîskên hêşîn
200 ml. ard
1 kevçiya qehweyê, îsota hêrandî
1 kevçiya xwarinê, pûng
1 kevçiya xwarinê, salçe
2 kevçiyên xwarinê, rûn
1 kevçiya xwarinê, xwê
100 gr. pîvaz
1,2 lt. av

Çêkirin:

Nîsk, lobiyên hêşîn û nokan di quşxaneyên cihê de bikelînin. Pîvazan li rende bixin. Xwê û sawar têkin leganekê. Bi qasî du îskanên avê, ava kelî berdin ser sawar û serê quşxaneyê bi devikê bigirin. 15 deqîqe şûn ve ardan li nav sawarê bixin û hevîr bikin. Avê di quşxaneyekê de bikelînin. Di destê xwe de bi qasî girbûna findiqan hevîr gilor bikin û bavêjin nava ava kelî. Dû re nîsk, nok û lobiyên hêşîn têkin nav. Salçe di nav rûn de tevî rihan biqelînin û têkin nav quşxaneya gilorîkan bila gişt bi hev re bikele.

Suppe mit vegetarischen Klößchen

Zutaten:

250 g feinen Bulgur (Weizengrütze)
50 g Kichererbsen
100 g grüne Bohnen
50 g grüne Linsen
1 Zwiebel
1 EL Paprika (gerieben)
1 EL getrocknete Pfefferminze
2 EL Butter
1 EL Tomatenmark
1 EL Salz
100 g Weizenmehl
1,2 l Wasser

Zubereitung:

Die Kichererbsen einen Tag vorher einweichen, Linsen und grüne Bohnen getrennt voneinander weich kochen. Die Zwiebel fein reiben und in eine Schüssel mit Bulgur geben. Dazu jeweils 1 EL geriebene Paprika, Pfefferminze und 400 ml kochendes Wasser geben. Alles 15 Min. zugedeckt ziehen lassen. Anschließend das Ganze mit Salz und Mehl verkneten. Diese Masse zu haselnussgroßen Klößchen formen und in kochendes Wasser geben. Die grünen Bohnen, Kichererbsen und Linsen dazugeben. Die Butter in einer Pfanne zergehen lassen und mit dem Tomatenmark und der restlichen Pfefferminze zu den Klößchen geben. Alles aufkochen lassen.

Daniyê şorbekî

Malzeme:

250 gr. danên nekûtandî
100 gr. nok
50 gr. nîskên hêşîn
100 gr. lobiyên hêşîn
1 serî pîvaz
1 kevçiya xwarinê, salçe
1 kevçiya xwarinê, ard
1 kevçiya xwarinê, rûn
1 kevçiya qehweyê, îsot
3 lt. av
1 kevçiya xwarinê, xwê

Çêkirin:

Nokan di rojek berê de têkin nava avê daku nerm bibin. Nîskan û lobiyên hêşîn di quşxaneyên cihê de hetanî ku nerm bûn, bikelînin. Dan di quşxaneyekê din de bikelînin. Dû re nîsk, lobî û nokan têkin nav dan û 3 lître av têkin nav û di nav hev de bikelînin. Rûn di taweyekê de bihelînin. Pîvazan hûr hûrkin têkin nav rûn. Dû re salçe û îsot têkin nav û 2 deqîqe di nav hev de biqelînin. Ardan berdin nav rûn û salçe, rind tev din ku gilok nebin. Di dawî de wê jî tevî xwê berdin nav quşxaneya ku dan tê de ye.

Weizensuppe mit Hülsenfrüchten

Zutaten:

250 g Weizenkörner
100 g Kichererbsen
50 g grüne Linsen
100 g grüne Bohnen
1 Zwiebel
1 EL Tomatenmark
1 EL Weizenmehl
1 EL Butter
1 TL Paprika edelsüß (gerieben)
3 l Wasser
1 EL Salz

Zubereitung:

Die Kichererbsen einen Tag vorher einweichen.
Linsen, Weizenkörner und grüne Bohnen getrennt voneinander vorkochen, bis sie weich sind. Weizenkörner, Kichererbsen, Bohnen und Linsen vermengen. Mit 3 l Wasser auffüllen und alles zusammen kochen lassen.
In einer Pfanne klein geschnittene Zwiebeln mit geriebener Paprika in Butter andünsten. Tomatenmark hinzugeben und das Ganze 2 Min. anbraten. Dann unter ständigem Rühren das Mehl dazugeben und kurz anschwitzen lassen, bevor man alles zur Suppe gibt.
Die Suppe nochmals aufkochen lassen und zum Schluss mit Salz abschmecken.

Bulgurgerichte

Xwarina bi sawar

Kufteyên keleman

Malzeme:

3 kg. kelemên spî
2 serî pîvaz
500 gr. sawara gir
1 kevçiya xwarinê, îsota hêrandî
1 kevçiya xwarinê, rihan an jî pûng
250 gr. bexdenûsa hişk
1 kevçiya xwarinê, xwê
200 gr. ard
250 gr. rûnê dawar
2 kevçiyên xwarinê, salçe
500 gr. mast
2 dendik sîr
av

Çêkirin:

Keleman bixaşînin û bihêlin heta ku ew hinekî sar bû. Pîvazan li rende bixin. Sawar, pîvaz, îsot, rihan, xwê û bexdenûsan di leganeke gir de têkin nav hev. Ava kelî berdin ser heta ku av ser sawarê ket. Serê wan bigrin û 15 deqîqe şûn ve ardan têkin nav û hevîr bikin.
Pelên keleman li hevîrê ku we çêkiriye bipêçin û wan di quşxaneyekê de rêz bi rêz bidin ser hev. Ava kelî berdin ser kufteyan heta ku avê ser kufteyan re avêt, dû re bikelînin. Di quşxaneyekê cihê de rûn biqelînin, salçe berdin nav. Sîr bikutin û têkin nav mast. Kufteyên ku kelîyane ji nav avê derxînin, têkin taseke gir î gilover. Mastê bi sîr berdin ser kufteyên keleman û rûnê bi salçe jî berdin ser mast.

Weißkohlrouladen vegetarisch

Zutaten:

3 kg Weißkohl
2 Zwiebeln
500 g grob geriebener Bulgur (Weizengrütze)
1 EL Paprika edelsüß (gerieben)
1 EL getrocknete Pfefferminze
250 g getrocknete Petersilie
1 EL Salz
200 g Mehl
250 g Butter
2 EL Tomatenmark
500 g Joghurt
2 Knoblauchzehen
Wasser

Zubereitung:

Vom Weißkohl die Blätter lösen und in heißem Wasser kochen, bis sie weich sind.
In der Zwischenzeit Zwiebeln reiben und mit Bulgur, geriebener Paprika, Pfefferminze, Salz und fein gehackter Petersilie in eine andere Schüssel geben. Darüber heißes Wasser gießen und 15 Min. mit einem Tuch zugedeckt ruhen lassen. Dann das Mehl dazugeben und zu einem Teig kneten. Nun den Teig zu handgroßen Portionen formen jeweils in ein Kohlblatt wickeln.
Die Rouladen 20 Min. in einem großen Topf mit so viel heißem Wasser kochen, dass die Rouladen vollständig bedeckt sind.
Die Knoblauchzehen pressen und unter den Joghurt rühren.
Butter in einem Topf schmelzen und mit Tomatenmark verrühren.
Die fertig gekochten Rouladen in einer Schüssel mit beiden Soßen anrichten.

Girik

Malzeme:

2 serî pîvaz
500 gr. sawara gir
1 kevçiya xwarinê, îsota sor (îsota hêrandî)
1 kevçiya xwarinê, pûng
destekî bexdenûs (200 gr.)
2 kevçiyên xwarinê, xwê
200 gr. ard
250 gr. rûnê dawar
2 kevçiyên xwarinê, salçe
500 gr. mast
2 dendik sîr

Çêkirin:

Pîvazan li rende bixin. Sawar, pîvaz, îsot, rihan, xwê û bexdenûsan di leganeke gir de têkin nav hev. Ava kelî berdin ser heta ku av ser sawarê ket. Devikê wê bigrin û 15 deqîqe şûn ve ardan têkin nav û hevîr bikin. Bi qasî kefa destan, di destên xwe de gilor bikin. Di quşxaneyekê de bidin ser hev. Ava kelî berdin heta ku bi ser girikan ket û dû re bikelînin. Quşxaneyekê cihê de jî rûn biqelînin û salçe berdin nav. Sîr bikutin û têkin nav mast. Girikên ku keliyane ji nav avê derxin, her girikekê bikin çar kerî û daynin taseke gir î gilover. Mastê bi sîr berdin ser girikan û rûnê bi salçe jî berdin ser mast.

Vegetarische Klößchen

Zutaten:

2 Zwiebeln
500 g grob geriebener Bulgur (Weizengrütze)
1 EL geriebene Paprika edelsüß
1 EL getrocknete Pfefferminze
1 Bund Petersilie (200 g)
2 EL Salz
200 g Weizenmehl
250 g Butter
2 EL Tomatenmark
500 g Joghurt
2 Knoblauchzehen

Zubereitung:

Die Zwiebeln reiben und mit Bulgur, geriebener Paprika, Pfefferminze, Salz und fein gehackter Petersilie in eine Schüssel geben. Alles mit heißem Wasser übergießen und 15 Min. mit einem Tuch zugedeckt ruhen lassen. Dann das Mehl dazugeben und verkneten.
Aus der Masse kleine „Bagels“ formen. Die Bratlinge in einen großen Topf füllen und so viel heißes Wasser zugeben, dass sie vollständig bedeckt sind. Nun 20 Min. kochen lassen.
Den Knoblauch schälen, zerdrücken und unter den Joghurt rühren.
Die Butter in einem Topf schmelzen und mit Tomatenmark verrühren.
Die fertig gekochten Bratlinge werden in vier Teile geteilt, in eine Schüssel gegeben und mit beiden Soßen angerichtet.

Mastdewe

Malzeme:

500 gr. sawara gir
1 kg mast
400 ml av
2 kevçiyên xwarinê, ard
1 kevçiya xwarinê xwê
1 hêk
250 gr. rûnê dawar

Çêkirin:

Sawarê bişon. Mast, xwê, hêk û ardan li nav hev bixin, avê têkin nav û biçelqînin. Sawar û mastav di quşxaneyekê de têkin nav hev, bidin ser agir, hetanî ku keliya û tîr bû, tevdin. Quşxaneyekê cihê de rûn biqelînin. Mastdewê têkin tasa xwarinê ya gilover a gir, nava wî vekin û rûn berdin nava wî.

Brei aus Bulgur mit Joghurt

Zutaten:

500 g grob geriebener Bulgur
(Weizengrütze)
1 kg Joghurt
400 ml Wasser
2 EL Weizenmehl
1 EL Salz
1 Ei
250 g Butter

Zubereitung:

In einem Topf Joghurt und Wasser miteinander verrühren. Dann den Bulgur waschen und zusammen mit dem Mehl, dem Salz und dem Ei dazugeben. Alles unter ständigem Rühren solange kochen lassen, bis ein dickflüssiger Brei entssteht.
Zum Schluss gibt man den Brei in eine Schüssel und formt in der Mitte eine Mulde. Die Butter in einem Topf zergehen lassen und in die Mulde geben.

Sawara bi nîskan

Malzeme:

250 gr. sawara gir
100 gr. nîskên hêşîn
2 serî pîvaz
250 gr. rûnê dawar
800 ml. av
1 kevçiya xwarinê, xwê

Çêkirin:

Nîskan di quşxaneyekê de hetanî ku nerm bûn bikelînin. Sawar bişon û di quşxaneyekê de tevî nîskên ku nerm bûne, bi 4 îskan avê û xwê bikelînin. Quşxaneyekê cihê de pîvazan hûr hûr bikin, di nav rûn de hetanî ku zer bûn biqelînin. Sawarê keliyayî têkin tasa xwarinê, pîvaz û rûn berdin ser sawarê. Sawar ger bi ava goşt çêbe baştir e.

Brei aus Bulgur mit Linsen

Zutaten:

250 g grob geriebener Bulgur (Weizengrütze)
100 g grüne Linsen
2 Zwiebeln
250 g Butter
800 ml Wasser
1 EL Salz

Zubereitung:

Die grünen Linsen in Wasser kochen bis sie weich sind.
Nun die Linsen zusammen mit dem Bulgur in einem Topf mit 800 ml Wasser solange kochen lassen, bis das Wasser vollständig verkocht ist.
In einer Pfanne fein gewürfelte Zwiebeln in Butter andünsten und über den Brei geben.

Tipp:
Statt Wasser kann man auch Brühe nehmen – am von ausgekochtem Fleisch.
Dieses Gericht eignet sich hervorragend als Beilage zu Fleischgerichten.

Kiftê hundir tijî bi qeysî

Malzeme:

2 serî pîvaz
1 kg. goştê dewar ê kişandî
500 gr. sawara hûr
300 gr. qeysî
1 kevçiya xwarinê, xwê
1 hêk
250 gr. rûnê dawar

Çêkirin:

Pîvazan li rendê bixin. Goştên kişandî, sawar, hêk, pîvaz û xwê di nav hev de bi du îskan avê hevîr bikin. Qeysiyan di quşxaneyekê de heta kelekê were ser, bikelînin û ji nav avê derxînin. Bi qasî hêkekê hevîr bigrin destê xwe û di destê xwe de gilor bikin. Hundirê wî vekin. Du qeysiyan têkin nav her kufteyekê û gilor bikin, wan daynin nav quşxaneyekê. Ava kelî berdin ser hetanî ku avê ser kufteyan re avêt. Dû pijandina kufteyan re, kufteyan ji nav avê derxînin, têkin nav tasan. Rûn biqelînin û berdin ser.

Hackfleischklößchen mit Aprikosen gefüllt

Zutaten:

2 Zwiebeln
1 kg Gehacktes vom Rind
500 g feine Weizengrütze
300 g getrocknete Aprikosen
1 EL Salz
1 Ei
250 g Butter

Zubereitung:

Die Zwiebeln reiben und mit dem Gehackten, dem Ei, dem Bulgur, Salz und 200 ml Wasser in einer Schüssel zu einem Teig kneten. Die Aprikosen in warmen Wasser für 2 Min. quellen lassen. In der Zwischenzeit den Teig zu eigroßen Klößchen formen. In jedes bohrt man ein Loch und drückt je 2 Aprikosen hinein. Das Loch anschließend wieder verschließen. Die Klößchen in einen Topf mit soviel kochendem Wasser geben, dass sie ganz bedeckt sind. Ca. 20 Min. kochen lassen. Die restliche Butter erhitzen und über die angerichteten Klößchen gießen.

Girike hundir tijî bi goştên kişandî

Malzeme:

3 serî pîvaz
1 kg. goştê dewar ê kişandî
250 gr. goştê pez ê kişandî
500 gr. sawara hûr
1 kevçiya xwarinê, xwê
400 ml. av
1 kevçiya çay, îsota reş
destekî bexdenûs (200 gr.)
250 gr. rûnê dawar

Çêkirin:

2 serî pîvazan li rendê bixin. Goştên kişandî, sawar, pîvaz û xwê di nav hev de bi 2 îskan avê ve hevîr bikin. Serîkî pîvaz hûr hûrkin, di quşxaneyekê de tevî 50 gr. rûn heta ku zer bûn, biqelînin. Dû re goştê pez ê kişandî têkin nav. Wî di nav de rind belav kin û îsota reş tevî bexdenûs têkin nav û biqelînin. Hevîr, bi qasî hêkeke gir di destên xwe de gilor bikin û hundirê wî vekin. Dû re her kufteyekê bi kevçiyekê qehwê, goştê kişandi yê qelandî têkin nav û gilor bikin. Kufteyan têkin quşxaneyekê. Ava kelî berdin ser. Av avêt ser kufteyan bes e. Kufteyên ku keliyane, wan ji nav avê derxînin, têkin tasan. Rûn biqelînin û berdin ser wan.

Hackfleischklößchen mit Lammfleisch gefüllt

Bulgurgerichte

Zutaten:

3 große Zwiebeln
1 kg Gehacktes vom Rind
250 g Gehacktes vom Lamm
500 g Bulgur fein gerieben (Weizengrütze)
1 EL Salz
400 ml Wasser
1 Prise Pfeffer
1 Bund frische Petersilie (200g)
250 g Butter

Zubereitung:

2 Zwiebeln reiben und mit dem Rindergehacktem, dem Bulgur, Salz und 400 ml Wasser in einer Schüssel zu einem Teig kneten. Die verbliebene Zwiebel klein schneiden und mit 50 g Butter in einer Pfanne glasig anschwitzen, dann Lammgehacktes, Pfeffer und Petersilie dazugeben. Das Ganze braten, bis das Fleisch durch ist.
In der Zwischenzeit den Teig zu eigroßen Klößchen formen. In jedes bohrt man ein Loch und füllt einen Kaffeelöffel des gebratenen Lammfleisches hinein. Das Loch wieder verschließen. Die Klößchen in einen Topf geben und mit genügend heißem Wasser ca. 20 Min. kochen lassen. Die restliche Butter erhitzen und über die angerichteten Klößchen gießen.

Xaşil

Malzeme:

500 gr. sawara gir
1 lt. av
1 kevçiya xwarinê, xwê
100 gr. ard
2 dendik sîr
500 gr. dew
150 gr. runê dewaran

Çêkirin:

Sawar têkin quşxaneyekê. Av heta ku bi ser sawar ket têkin nav. Xwê têkin nav ava wê. Gava ku, zaha bû ardan hêdî hêdî berdin nav û tev bidin. Ger patin xilas bû têkin taseke gir î gilover û nava wî vekin, rûn têkin nav. Sîr bikutin nav dew. Meriv dikare dew pê re vexwe, an jî têke nav tasa xwarinê.

Gotin:

Mêvanekî tê welatê Serhedê. Mazûvan ji bo mêvanê xwarina xaşilê dipijîne. Mêvan û mazûvan dora sifreyê rûdinin û xaşilê dixwin. Lê mêvan nizane, ku serê xaşilê sar, binê xaşilê jî sor e. Kevçiya xwe tijî dike û dixe devê xwe. Xaşila sor devê mêvan dişewitîne. Mêvan neçar dimîne û xwarinê di cî de dihêle. Demeke bi şûn de diçe welatê xwe. Cîranên wî tên serdana wî û jê dipirsin: „Ka bêje li welatê Serhedê çi heye çi tune ye?“ Cîranên xwe wiha dibersivîne: „Ger hûn biçin welatê Serhedê, bila bizanibin ku xwarineke wan a bi navê xaşil heye; serê wê bihostek cemed bigre jî tu caran lê bawer nekin, ku ew sar bûye, bizanibin ku binê wê hîn sor e.“

Bulgur mit Buttermilch

Zutaten:

500 g Bulgur grob (Weizengrütze)
1 l Wasser
1 EL Salz
100 g Weizenmehl
2 Knoblauchzehen
500 g Buttermilch
150 g Butter

Zubereitung:

Den Bulgur in einen Topf mit Wasser füllen, salzen und so lange kochen, bis das Wasser verkocht ist. Mit einem Löffel langsam das Mehl unterrühren.
Die Knoblauchzehen pressen und zur Buttermilch geben.
Das fertige Gericht in eine Schüssel geben und mit heißer flüssiger Butter anrichten.
Die Buttermilch ebenfalls als Soße anrichten oder alternativ als Getränk dazureichen.

Ein Essen für Gäste:

Ein Mann kam nach Serhed. Dort bewirtete eine Familie ihn als Gast und kochte Xasil. Aber der Gast kannte dieses Gericht nicht und wusste nicht, dass die obere Schicht sehr kalt und die untere Schicht sehr heiß ist. Er nahm einen vollen Löffel in den Mund, verbrannte sich die Zunge und konnte nicht mehr weiter essen. Wieder zu Hause fragten ihn die Nachbarn nach Neuigkeiten: „Was gab es in Serhed – und was nicht?“ Der Mann antwortete: „Wenn ihr jemals nach Serhed reist, dann solltet ihr wissen, dass es dort ein Essen gibt, welches Xasil heißt. Auch wenn die obere Schicht von Xasil vereist ist, darunter ist es verdammt heiß!“

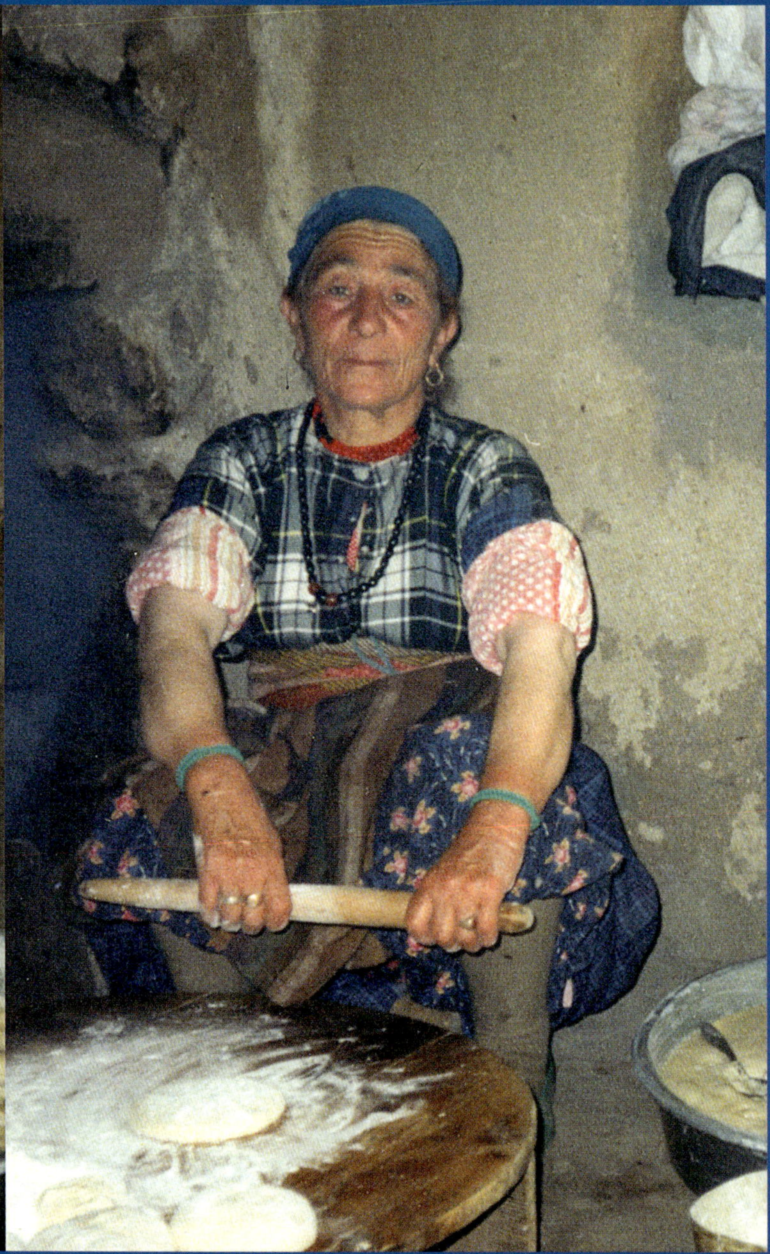

Teiggerichte

Xwarina ji ardan

(1) Zerfet

Malzeme:

2 kg. ardên reş
1 kg. ardên spî
1,9 lt. av
3 kevçiyên xwarinê, xwê

Çêkirin:

Ardan têkin nav hev. Xwê têkin nav û bi ava şîregerm (1,9 lt.) hevîr bikin. Hevîr bila ne pir hişk, ne jî ruhîn be. Dû re hevîr gilor kin û li ser maseyekê daynin, pan bikin, têxin tepsiya firûnê û di 180 dereceyê de bi qasî 2 saetan bipêjînin.

Dew ji bo zerfet

500 gr. mast
400 ml. av
3 dendik sîr

Bi du îskan avê Mastav çêkin û sîr bikutin û têkin nav mastavê.

(1) Brotlaib für Brotgerichte

Zutaten:

2 kg Vollkornweizenmehl
1 kg feines Weizenmehl
1,9 l Wasser
3 EL Salz

Zubereitung:

Das Mehl in eine Schüssel geben, Salz hinzufügen und mit lauwarmen 1,9 l Wasser verkneten, bis der Teig so weich wie ein Ohrläppchen ist. Aus dem Teig einen Laib Brot formen. Diesen im Backofen bei 180°C zwei Stunden backen.

Buttermilch für Brotgerichte

500 g Joghurt
400 ml Wasser
3 Knoblauchzehen

Zum Joghurt 400 ml Wasser geben und zu Buttermilch verrühren. Die Knoblauchzehen pressen, dazugeben und gut verrühren.

Gotin:
Di nav kurdan de bi taybetî jî li Serhedê, dû xwarina sêlqelî re zerfet duyemîn xwarina herî maqul e. Tê gotin ku, di dema Imparatoriya Osmaniyan de ji bo zerfetekê bixwe, yekî zeviyeke (bi kêmanî qasê 10-15 hektar) xwe daye xwediyê zerfetê.

Man sagt:
Bei den Kurden heißt es, dass in Serhed Zerfet – nach dem Fleischgericht Sêlqeî – das zweitwichtigste Essen ist. Man sagt, mit einem Zerfet habe man in den Zeiten des osmanischen Reiches ein Feld von 10–15 Hektar Land kaufen können.

(2) Zerfet / Sîra keldoş

Malzeme:

500 gr. rûnê dawar
250 gr. hingiv

Çêkirin:

Rûn, li gor daxwazan bi hingiv an jî bê hingiv biqelînin. Ger bi hingiv be; hingiv berdin nav rûn û hinêkî bi hev re biqelînin. Hundirê kilorê, ji bo zerfetê derxin. Gişt hûr hûr bikin, têkin leganeke gir. Binê kilora ku wek sahan e, ji bo zerfetê bi dew rind tekûz bikin. Hundirê kilora ku we di leganekê de hûr kiriye, têkin nav kilora ku we ji bo zerfetê hazir kiriye. Dewê bi sîr berdin dora zerfetê. Dawî de jî rûnê bi hingiv jor de berdin ser zerfetê.

Varyant:
Sîra keldoş

Bi giştî kilorê hûr hûr bikin, têkin sahaneke gir. Mastava bi sîr berdin dora sîra ku di tepsiyê de ye. Dawî de jî rûn jor de berdin ser.

(2) Gefüllter Brotlaib

Restliche Zutaten:

500 g Butter
250 g Honig

Zubereitung:

Die Butter in einem Topf zergehen lassen und den Honig dazugeben. Vom Brotlaib den oberen Rand wie einen Deckel abschneiden und abnehmen. Das Brot bis auf die Ränder aushöhlen. Das Innere des Brots und den Deckel in kleine Stücke zerpflücken. Nun den Boden des Brotes mit 200 ml Buttermilch auffüllen. Die kleinen Brotstücke wieder zurück ins Brot legen, die Buttermilch am äußeren Rand gleichmäßig verteilen und zum Schluss die Butter darüber gießen.

Variante:
Kleingeschnittenes Brotgericht

Das fertige Brot in Portionen klein schneiden. Die Buttermilch am äußeren Rand gleichmäßig verteilen und zum Schluss die heiße, flüssige Butter darüber gießen.

(3) Sîra kutandî

Malzeme:

500 gr. rûnê dawar
250 gr. hingiv

Çêkirin:

Gişt hûr hûr bikin, têkin quşxaneyeke gir. Hinek mastav berdin ser û hêdî hêdî bikutin, hetanî ku nerm bû û hevdu girtin. Sîra kutandî têkin lengeriyekê, nava wê vekin û rûn têkin nava wî.

(3) Gericht aus zerstampftem Brot

Restliche Zutaten:

500 g Butter
250 g Honig

Zubereitung:

Das ganze Brot in kleine Stücke zerpflücken, in einen Topf mit der Buttermilch geben und 5 Min. ziehen lassen. Dann auf niedriger Stufe köcheln lassen und mit einem Kartoffelstampfer zerdrücken. Die Masse in eine Schüssel geben und in die Mitte eine Mulde drücken.
Die Butter in einem Topf zergehen lassen und nach Wunsch den Honig dazugeben.
Die geschmolzene Honig-Butter in die Vertiefung geben.

Sîra sêlê

Malzeme:

500 gr. ardên reş
500 gr. ardên spî
1 kevçî xwê
1 lt. av
1 hevîrtirş
500 gr. rûnê dawar
500 gr. mast
2 dendik sîr

Çêkirin:

Ardan, hevîrtirş û xwê têkin nav hev û bi 3 îskan ava şîre-germ hevîr bikin. Hevîr daynin bila tirş bibe. Bi ava mayî mastav çêbikin. Sîr bikutin û têkin nav mastav. Ji hevîrê nanên sêlê çêbikin. Nan hûr hûr bikin, têkin nav mastav û derxin, di taseke gir de bidin ber hev. Rûn biqelînin û berdin ser nanê ku di tasê de ye.

Brot vom Blech mit Buttermilch

Zutaten:

500 g Vollkornweizenmehl
500 g feines Weizenmehl
1 EL Salz
1 l Wasse
1 Stück Hefe
500 g Butter
500 g Joghurt
2 Knoblauchzehen

Zubereitung:

Aus dem Mehl, dem Salz, der Hefe und 600 ml lauwarmen Wassers einen Teig kneten. Den Teig mit einem Tuch bedecken und 30 Min. lang gehen lassen. Anschließend den Teig dünn ausrollen und 2 Min. im Backofen bei 180° C backen.
Zum Joghurt 400 ml Wasser geben und zu Buttermilch verrühren. Den Knoblauch pressen und dazugeben.
Das fertige Brot rollen und in Portionen schneiden. Die Portionen kurz in die Buttermilch eintauchen und auf einem Teller anrichten.
Die Butter in einem Topf zergehen lassen und über die Portionen geben.

Xwarina ji ardan

Kilora toraqê

Malzeme:

500 gr. ardên reş
500 gr. ardên spî
1 hevîrtirş
600 ml. av
1 kevçî xwê
3 serî pîvaz
500 gr. toraq
destekî bexdenûs (200 gr.)
1 kevçiya xwarinê, îsota hêrandî
250 gr. rûnê dawar

Çêkirin:

Ardan bi hevîrtirş û xwê re têkin nav hev, bi ava şîregerm hevîr bikin. Hevîr daynin bila tirş bibe. Pîvaz, îsot û bexdenûs hûr kin, têkin nav toraqê. Hevîrê tirşbûyî bi qasî goga tenîsê gud kin û vekin, bi qasî du kevçiyên xwarinê ji toraqa hazirkirî têkin ser keriyek hevîrê vekirî, keriya din li ser wergerînin û dorên wî bi hev re bizeliqînin û bavêjin firûnê. 180 derecayan de bipêjînin. Rûn biqelînin û kilorê hûr hûr kin û rûn berden ser.

Brot vom Blech mit Käsefüllung

Zutaten:

500 g Vollkornweizenmehl
500 g feines Weizenmehl
1 Stück Hefe
600 ml Wasser
1 EL Salz
3 Zwiebeln
500 g Schafs- oder Ziegenkäse
1 Bund frische Petersilie (200 g)
1 TL Paprika edelsüß gerieben
250 g Butter

Zubereitung:

Aus dem Mehl, dem Salz, der Hefe und 600 ml lauwarmen Wasser einen Teig kneten. Den Teig mit einem Tuch bedecken und 30 Min. lang gehen lassen.
Für die Füllung die Zwiebeln und den Käse fein würfeln, die Petersilie klein schneiden und alles zusammen mit dem Paprika vermengen.
Nun den Teig in brötchengroße Fladen aufteilen, diese dann kreisförmig und dünn ausrollen. 2 EL von der Füllung in die Mitte legen, die Kanten aneinander legen und zusammen drücken. Bei 180°C kurz backen, bis die Kruste goldbraun ist, dann das Brot wenden und nochmals kurz backen.
Die Butter in einem Topf zerlassen und über das zerschnittene Brot gießen.

Patîle

Malzeme:

1 kg. ardên reş
1 kg. ardên spî
2 kevçiyên xwarinê, xwê
1,2 lt. av
250 gr. mewîj
70 gr. tû
210 gr. qeysî
2 serî pîvaz
270 gr. toraq
200 gr. rûnê dawar

Çêkirin:

Xwê têkin nav ardan û bi ava şîregerm hevîr bikin. Pîvazan hûrkin û tevî malzemeyên din nav hev bixin. Hevîr têkin du cî. Ciyên yek vekin, malzeme tê de raxinin û cîhê din jî vekin, bidin ser û dora wan bi hev ve bizeliqînin û bi du saetan li firûnê, di 180 dereceyê de bila bipije. Ger pijiya, nava wî derxin, hûrkin dîsa têkin nav. Rûn biqelînin û berdin ser.

Früchtebrot

Zutaten:

1 kg Vollkornweizenmehl
1 kg feines Weizenmehl
2 EL Salz
1,2 l Wasser
250 g getrocknete Feigen
70 g Maulbeeren
210 g getrocknete Aprikosen
2 Zwiebeln
270 g Schafs- oder Ziegenkäse
200 g Butter

Zubereitung:

Das Mehl mit dem Salz und dem lauwarmen Wasser zu einem Teig kneten. Die Zwiebeln, Feigen und Aprikosen klein schneiden und alles miteinander vermengen.
Den Teig in zwei gleich große Hälften teilen und mit dem Nudelholz zu einem runden Boden ausrollen. Den Käse zerbröseln und mit den anderen Zutaten auf dem Teig verteilen. Dann die zweite Hälfte des Teiges als Deckel darüber legen und am Rand zusammendrücken. Bei 180°C das Brot 2 Stunden lang backen. Nach dem Herausnehmen wird das Brot oben abgeschnitten und der obere Teil wie ein Deckel abgenommen. Den Deckel klein schneiden und über das Früchtebrot bröseln. Die Butter in einem Topf zerlassen und darüber gießen.

Xwarina ji ardan

Kate

Malzeme:

1 kg. ardên reş
1 kg. ardên spî
4 hêk
1 lt. şîr
1 îskana çay, rûnê gula ber biro
1 hevîrtirş
2 kevçiyên xwarinê, xwê
500 gr. rûn
250 gr. mast

Çêkirin:

Ard, çar hêk, hevîrtirş, xwê, rûnê gula ber biro û şîr têkin leganekê û hevîr bikin. Rûn bihelînin, hinekî sarkin û berdin nav hevîr û carekî din hevîr kin. Serê hevîr bigrin bila nîv saet tirş bibe. Hevîrên tirşbûyî bi qasî goga tenîsê gud kin, gilor vekin, serê wê bi mast firçe bikin û bavêjin firûnê. 15 deqîqe di 180 dereceya germ de bipêjînin.

Hochzeitsbrot

Zutaten:

1 kg Vollkornweizenmehl
1 kg feines Weizenmehl
4 Eier
1 l Milch
4 EL Sonnenblumenöl
1 Stück Hefe
2 EL Salz
500 g Butter
250 g Joghurt

Zubereitung:

Mehl, Eier, Öl, Hefe und Salz mit lauwarmer Milch vermengen und zu einem Teig kneten. Die Butter erhitzen und ebenfalls mit dem Teig verkneten. Den Teig mit einem Tuch bedecken und 30 Min. lang gehen lassen; anschließend in brötchengroße Teile portionieren. Die „Brötchen" mit der Hand platt drücken und mit Joghurt bestreichen. Bei 180°C ca. 15 Min. backen.

Kateyên hundir tijî bi penîr

Malzeme:

2 kg. ardên spî
4 hêk
200 ml. rûnê gula ber biro
1 lt. şîr
1 hevîrtirş
2 kevçiyên xwarinê, xwê
1 kg. penîr
2 serî pîvaz
destekî bexdenûs (200 gr.)
250 gr. mast
500 gr. rûn

Çêkirin:

Ardan têkin leganekê, çar hêk, hevîrtirş, xwê, runê gula ber biro û şîr têkin nav û hevîr bikin. Rûn bihelînin, hinek sar bikin û berdin nav hevîr, carekî din hevîr bikin. Serê hevîr bigrin, bi qasî nîv saetan bihêlin bila tirş bibe. Bexdenûs hûrkin, bi tevî penîr rind tev li hev bikin. Hevîrê tirşbûyî bi qasî goga tenîsê gud kin û gilor vekin. Toraq têkin nav û bigirin. Serê wê bi mast firçe bikin û bavêjin firûna 180 dereceyê. Bila bi qasî 15 deqiqan bipije.

Mit Käse gefülltes Brot

Zutaten:

2 kg Weizenmehl
4 Eier
4 EL Sonnenblumenöl
1 l Milch
1 Stück Hefe
2 EL Salz
1 kg Ziegenkäse
2 Zwiebeln
1 Bund frische Petersilie (200 g)
250 g Joghurt
500 g Butter

Zubereitung:

Mehl, Eier, Öl, Hefe und Salz mit lauwarmer Milch vermengen und zu einem Teig kneten. Die Butter erhitzen und ebenfalls mit dem Teig verkneten. Den Teig mit einem Tuch bedecken und 30 Min. lang gehen lassen. Inzwischen die Petersilie klein schneiden, den Ziegenkäse zerbröseln und beides miteinander vermengen.
Den aufgegangenen Teig in brötchengroße Teile portionieren und mit der Hand platt drücken. Nun mit dem Daumen eine Mulde eindrücken und jeweils 1 EL von der Füllung in die Mitte geben. Die Füllung mit dem Teig überdecken und die Ränder aneinander drücken. Mit Joghurt bestreichen und bei 180° C ca. 15 Min. lang backen.

Kateyên hundir tijî bi goşt

Varyant:

Şûna goşt de bi qasî kîloyekê kartolan bixaşînin, sipî bikin, bihencixînin û sîr, salçe, îsota pûl û îsota reş têkin nav, wan jî têkin nav gud a ku we gilor vekiriye. Dû re jî wek ku li jor hatiye gotin çêbikin.

Malzeme:

2 kg. ardên spî
4 hêk
1 lt. şîr
200 ml. runê gula ber biro
1 hevîrtirş
3 kevçiyên xwarinê, xwê
500 gr. rûn
500 gr. goştê kişandî
2 kevçiyên xwarinê, salçe
1 kevçiya xwarinê, îsota hêrandî, hinekî îsota reş

2 pîvaz
destekî bexdenûs
250 gr. mast

Çêkirin:

Ard, çar hêk, hevîrtirş, 2 kevçî xwê, rûnê gula ber biro û şîr têkin nav û hevîrkin. Rûn bihelînin, hinekî sarkin û berdin nav, carekî din hevîr kin. Serê hevîr bigrin bila tirş bibe. Pîvaz hûr kin, bikin nav goştê kişandî, û xwê biqelînin, salçe, îsota hêrandî û îsota reş têkin nav. Ji hevîrên tirş bûyî bi qasî goga tenîsê gudekî bigirin, wî gilor vekin. Bi qasî kevçiyekê goşt têkin nav û bigirin, serê wê bi mast firçe bikin û bavêjin firûna 180 dereceyî, bila bi qasî 15 deqîqan bipije.

Teiggerichte

Mit Fleisch gefülltes Brot

Zutaten:

2 kg Weizenmehl
4 Eier
1 l Milch
4 EL Sonnenblumenöl
1 Stück Hefe
3 EL Salz
500 g Butter
500 g Gehacktes (vom Rind oder vom Lamm)
2 EL Tomatenmark
1 EL Paprika edelsüß (gerieben)
Pfeffer
2 Zwiebeln
1 Bund Petersilie
250 g Joghurt

Zubereitung:

Mehl, Eier, Öl, Hefe und zwei EL Salz mit lauwarmer Milch vermengen und zu einem Teig kneten. Die Butter erhitzen und ebenfalls mit dem Teig verkneten. Den Teig mit einem Tuch bedecken und 30 Min. gehen lassen. Inzwischen die Zwiebeln fein würfeln und mit dem Gehackten und 1 EL Salz anbraten. Anschließend mit Pfeffer, der geriebenen Paprika, Petersilie und dem Tomatenmark würzen.
Den aufgegangenen Teig in brötchengroße Teile portionieren und mit der Hand platt drücken. drücken. Nun mit dem Daumen eine Mulde eindrücken und jeweils 1 EL von der Füllung in die Mitte legen. Die Füllung mit dem Teig überdecken und die Ränder aneinander drücken. Mit Joghurt bestreichen und bei 180°C ca. 15 Min. backen.

Variante:

Statt Fleisch kann man auch Kartoffeln nehmen. Also 1 kg Kartoffeln kochen und zu Kartoffelbrei stampfen. 2 Knoblauchzehen zerdrücken und mit dem Tomatenmark, dem Pfeffer und der geriebenen Paprika unter den Kartoffelbrei mischen. Diese Füllung wie oben beschrieben verarbeiten.

Fleischgerichte
Xwarina bi goşt

Keşke

Malzeme:

500 gr. danên kutandî
150 gr. nok
150 gr. lobiyên spî
1 kg. goştê bi hestî
2 serî pîvaz
2 kevçiyên xwarinê, rûnê dawar
1 kevçiya xwarinê, xwê
2 lt. av

Çêkirin:

Lobî û nokan rojek berê cihê cihê têkin nava avê. Roja din ava herduyan birijînin. Quşxaneyekê de dan û goşt bişon û di 2 lître av de bikelînin. Quşxaneya goşt û dan ku dest bi kelê kir, lobî û nokan têkin nav. Quşxaneyekê cihê de jî pîvazan hûr hûr bikin, di nav rûn de biqelînin hetanî ku pîvaz zer bûn, xwê têkin nav û wî jî berdin nav quşxaneya ku goşt, dan û nok têdane, bikelînin.

Lammeintopf

Zutaten:

500 g Weizenkörner
150 g Kichererbsen
150 g weiße Bohnen
1 kg Lammfleisch mit Knochen
2 Zwiebeln
2 EL Butter
1 EL Salz
2 l Wasser

Zubereitung:

Die Kichererbsen und die weißen Bohnen über Nacht in warmem Wasser quellen lassen.
Das Fleisch in kleinere Stücke schneiden und mit den Weizenkörnern in viel Wasser vorkochen. Dann die Kichererbsen und Bohnen hinzugeben und salzen.
Die Zweibeln fein würfeln, in Butter andünsten und diese zum Fleisch dazugeben. Alles noch einmal kurz aufkochen lassen.

Kufteyên bi goşt

Malzeme:

2 serî pîvaz
1 kg. goştê dewar ê kişandî (Qiyme)
500 gr. sawara hûr
1 hêk
1 kevçiyê xwarinê, îsota hêrandî
2 kevçiya xwarinê, xwê
400 ml. av
250 gr. rûnê dawar

Çêkirin:

Pîvazan li rindê bixin. Goştê kişandî, sawar, hêk, xwê û îsota sor di nav hev de bi du îskan avê bistirên. Kufteyan çêkin û di quşxaneyekê de bidin ser hev. Dû re ava kelî (1,5 lt.) berdin ser û bikelînin. Rûn di quşxaneyekê cihê de biqelînin. Kufteyan têkin taseke gir î gilover û rûnê qelandî berdin ser.

Xwarin bi mast jî tê xwarin.

Fleischgerichte

Hackbällchen mit Bulgur

Zutaten:

2 Zwiebeln
1 kg Gehacktes vom Rind (grob)
500 g Bulgur fein gerieben (Weizengrütze)
1 Ei
1 EL Paprika edelsüß (gerieben)
2 EL Salz
400 ml Wasser
250 g Butter

Zubereitung:

Die Zwiebeln reiben, mit dem Gehackten, dem Bulgur, dem Ei, dem geriebenen Paprika, dem Salz und 400 ml Wasser in eine Schüssel geben und zu einem Teig kneten. Währenddessen weitere 400 ml Wasser dazugeben.
Den Teig zu handgroßen Bällchen formen. Alles in einen Topf geben und in 1,5 l heißem Wasser 20 Min. kochen. Die Butter in einem Topf zerlassen und über die angerichteten Klößchen gießen.

Tipp:
Knoblauchjoghurt dazu reichen.

Kufteyên taweyê

Malzeme:

500 gr. goştê kişandî yê pez
2 serî pîvaz
2 kevçiya qehwê, xwê
250 gr. rûnê dawar
1 Kevçiya qehwê, îsot
50 gr. ard

Çêkirin:

Pîvazan li rindê bixin. Goştê kişandî, xwê, îsot û ardan têkin nav hev û hevîr kin.
Ji hevîrên ku we çêkiriye kuftikan çêkin, rûn biqelînin û di nav rûn de wan kuftikan bipêjînin. Xwarin bi mast jî tê xwarin.

Lammhackbällchen

Zutaten:

500 g Gehacktes vom Lamm
2 Zwiebeln
2 TL Salz
250 g Butter
1 TL Paprika edelsüß (gerieben)
50 g Mehl

Zubereitung:

Die Zwiebeln reiben, mit dem Gehackten, dem Mehl, dem geriebenen Paprika, dem Salz in eine Schüssel geben und zu einem Teig kneten und zu Bällchen formen.
Die Butter in einer Pfanne zergehen lassen und die Hackbällchen darin braten.

Tipp:
Knoblauchjoghurt dazu reichen.

Sêlqelî

Malzeme:

1 kg. goştê pezan bi hestî
1 kevçiya xwarinê, xwê
2 dendik sîr
2 kevçiyên xwarinê, rûnê dawar
250 gr. mast

Çêkirin:

Goşt bişon û di quşxaneyekê an jî sêlê de bi xwê hetanî ku pijiya bixaşînin. Gava goşt nekeliya avê berdin nav bikelînin. Dû re di rûn de biqelînin. Sîr bikutin û têkin nav mast û mast berdin lengeriyek û goştên qelandî têkin nav.

Gebratenes Lammfleisch

Zutaten:

1 kg Lammfleisch mit Knochen, am besten gleich vom Metzger in kleinere Stücke hacken lassen
1 EL Salz
2 Knoblauchzehen
2 EL Butter
250 g Joghurt

Zubereitung:

Das Lammfleisch in kleine, mundgerechte Stücke schneiden. Die Fleischstücke in einen Topf geben, knapp mit Wasser bedecken, salzen und solange köcheln lassen, bis das Wasser verkocht ist. Nun die Butter in den Topf geben und das Fleisch anbraten. Den Knoblauch zerdrücken und mit dem Joghurt verrühren.
Das Fleisch auf einem Teller anrichten und mit dem Joghurtdip servieren .

Goştê xaşandî

Malzeme:

500 gr. goştê pezan
500 gr. kartol
1 kevçiya xwarinê, xwê
1 lt. av
2 kevçiyên xwarinê, rûnê dawar
leymûn

Çêkirin:

Goşt bişon, di quşxaneyekê de bixaşînin ta ku ava wî vekişiya. Xwê têkin nav û dû re avê têkin û bikelînin. Kartolan spîkin û hûrkin tekin nav. 15 deqîqe bikele bes e. Dema xwarinê de leymûn têkeve nav xwarinê, wê tama xwarinê xweş bibe.

Lammeintopf mit Kartoffeln

Zutaten:

500 g Lammfleisch
500 g Kartoffeln
1 TL Salz
1 l Wasser
2 EL Butter
(Zitrone)

Zubereitung:

Das Lammfleisch in kleine, mundgerechte Stücke schneiden, in cincn Topf geben, knapp mit Wasser bedecken, salzen und solange köcheln lassen, bis das Wasser verkocht ist.
In der Zwischenzeit die Kartoffeln schälen und vierteln. Die Kartoffeln zu dem Fleisch geben, alles kurz anbraten und dann mit 1 l Wasser auffüllen. Solange kochen lassen, bis die Kartoffeln gar sind.

Tipp: Noch besser schmeckt dieses Gericht, wenn man es zum Schluss mit Zitrone abschmeckt.

Yexnî

Malzeme:

500 gr. goştê pez an jî goştê mirîşkan
2 serî pîvaz
1 kevçiya xwarinê, xwê
1 lt. av
500 gr. kartol
2 kevçiya xwarinê, rûn
2 kevçiya xwarinê, salçe

Çêkirin:

Goşt bişon, di quşxaneyekê de bixaşînin heta ku ava wî vekişiya. Pîvazan hûrkin û tevî rûn 2 deqîqe biqelînin, xwê û salçe têkin nav. Bi qasî 2 deqîqe jî wan biqelînin. Paşê avê têkinê û bikelînin. Kartolan spî bikin û hûrkin û têkin nav. 15 deqîqan bikele bes e.

Lammeintopf mit Gemüse

Fleischgerichte

Zutaten:

500 g Lamm- oder Hühnerfleisch
2 Zwiebeln
1 TL Salz
1 l Wasser
500 g Kartoffeln
2 EL Butter
2 EL Tomatenmark

Zubereitung:

Das Lammfleisch in kleine, mundgerechte Stücke schneiden, in einen Topf geben, knapp mit Wasser bedecken, salzen und solange köcheln lassen, bis das Wasser verkocht ist.
Die Kartoffeln schälen und grob würfeln. Die Zwiebeln schälen und fein würfeln.
Nun die Zwiebeln 2 Min. andünsten, dann das Tomatenmark einrühren und die klein geschnittenen Kartoffeln dazugeben. Nochmals 2 Min. anbraten.
Mit Wasser aufgießen und so lange kochen, bis die Kartoffeln gar sind.

Beilagen

Li ber xwarin

Qisir

Malzeme:

500 gr. sawara hûr
600 ml. ava kelî
3 kevçiyên xwarinê, salçeya îsotan
1 kevçiya xwarinê, îsota hêrandî
1 kevçiya xwarinê, xwê
200 ml. rûnê gula ber biro
destekî bexdenûs (300 gr.)
100 gr. pûnga teze
2 deste pîvazê teze

Çêkirin:

Sawar têkin leganekê, xwê têkin nav. 600 ml avê bikelînin û berdin ser sawarê. Serê wî bigrin û 20 deqîqe bila bisekine. Pîvaz, bexdenûs û pûngê hûr hûr bikin. Rûnê gula ber biro berdin nav sawarê û bistirên. Dû re salçe û îsota hêrandî têkin nav û dîsa bistirên û pîvaz, bexdenûs û pûngê berdin nav û bistirên. Dawî de ava hinarê têkin nav û bi qasî 5 deqîqe gişt bi hev re bistirên. Qisir, bi marol, xiyar û bacanê sor tê xwarinê.

Bulgursalat

Zutaten:

500 g Bulgur (fein gerieben) (Weizengrütze)
600 ml Wasser
3 EL Tomaten- oder Paprikamark
1 EL Paprika edelsüß (gerieben)
1 EL Salz
200 ml Sonnenblumenöl
200 ml Granatapfelsirup
1 Bund frische Petersilie (300 g)
100 g frische Pfefferminze
2 Bund Schalotten (oder Lauchzwiebeln)

Zubereitung:

Den Bulgur und das Salz in einer Schüssel in 600 ml kochendem Wasser 20 Min. zugedeckt ziehen lassen. Petersilie, Pfefferminze und Schalotten fein schneiden. Das Öl, geriebenen Paprika, die klein geschnittenen Kräuter und das Tomatemark gut mit dem Bulgur vermengen. Zum Schluss den Granatapfelsirup dazugeben.
Üblich ist es, das Qisir auf Römerblattsalat mit Tomaten und Gurken zu servieren.

Li ber xwarin

Cacix

Malzeme:

2 xiyar
200 ml. av
500 gr. mast
1 kevçiya xwarinê, pûng
1 kevçiya çay, runê gula ber biro
3 dendik sîr
1 piçekî xwê
1 piçekî îsota reş

Çêkirin:

Xiyaran spî bikin û hûr hûr bikin. Sîrê bikutin û tevî piçekî xwê û avê têkin nav mast û di nav hev de biçelqînin. Xiyarên hûrkirî tevî pûngê têkin nav û rind li hev xînin.
Cacixê çêkirî têkin tasekê, rûn û îsota reş berdin ser.

Gurken mit Joghurt

Zutaten:

2 Salatgurken
200 ml Wasser
500 g Joghurt
1 TL Öl
3 Knoblauchzehen
1 EL getrocknete Minze
1 Prise Salz
1 Prise schwarzen Pfeffer

Zubereitung:

Die Salatgurken schälen und klein schneiden. Die Knoblauchzehen schälen und zerdrücken. Den Joghurt mit Salz und 200 ml Wasser verrühren. Die Gurken, den Knoblauch und die Minze zum Joghurt geben und ebenfalls verrühren. Das fertige Gericht in eine Schale geben und mit Pfeffer bestreuen. Zum Schluss mit Öl beträufeln.

Jarjarûn

Malzeme:

3 hêk
200 ml. av
100 gr. ard
hinekî xwê
200 gr. rûn

Çêkirin:

Di tasekê de hêkan hûr bikin. Tevî xwê biçelqînin û dûre ardan hedî hedî berdin nav û biçelqînin. Rûn di taweyekê de biqelînin. Xerca ku we çêkiriye têkin nav. Bi qasî 2–3 deqîqeyan bipêjînin.

Kaiserschmarrn kurdischer Art

Zutaten:

3 Eier
200 gr Wasser
100 gr Weizenmehl
1 Prise Salz
200 g Butter

Zubereitung:

Eier, Salz und Mehl gut verrühren bis ein leicht flüssiger Teig entsteht. Die Butter erhitzen und nach und nach unter den Teig rühren. Die Masse 2–3 Min. kochen lassen und zum Schluss zerkleinern.

Lobiyên bi hêk

Malzeme:

1 kg. lobiyên hêşîn
150 gr. runê dewaran
4 hêk
3 dendik sîr
1 kevçiya xwarinê, xwê

Çêkirin:

Lobiyan hûr hûr bikin, têkin quşxaneyekê, heta avê ser lobiyan re avêt, avê têkin quşxaneyê, bidin ser agir. Bila lobî bikelin. Dû kelandina lobiyan re ava lobiyan vala kin. Bihêlin bila hinek sar bibe.
Rûn têxin taweyekê, taweyê bidin ser agir bila rûn biqele.
4 hêkan jî di nava rûnê qelandî de biqelînin. Lobiyên ku we sar kiriye, bigiwêşin û tevî sîra kutandî û xwê têxin taweyê, nav hêkên qelandî û tev bidin.
Xwarina lobiyên çêkirî amade ye.

Grüne Bohnen mit Ei

Zutaten:

1 kg grüne Bohnen
150 g Butter
4 Eier
3 Knoblauchzehen
1 EL Salz

Zubereitung:

Die grünen Bohnen klein schneiden und in einem Topf in Wasser bekochen. Wenn die Bohnen gar sind, müssen sie gut abtropfen (evtl. die verbliebene Flüssigkeit herauspressen). Den Knoblauch pressen und mit Salz unter die Bohnen geben.
Die Eier in eine Pfanne mit augelassener Butter geben, verrühren und braten. Die Bohnen dazugeben und alles miteinander vermengen.

Kundirê bi mast

Malzeme:

2 kg. kundir
200 gr. rûn
250 gr. mast
1 dendik sîr

Çêkirin:

Qalikê kundirê jêkin û hûr hûr bikin. Quşxaneyekê de rûn bihelînin û kundir têkin nav biqelînin. Sîr bikutin nav mast. Mast têkin tasekê û kundirên qelandî têkin ser sîrmast.

Kürbis mit Joghurtsoße

Zutaten:

2 kg Kürbis
200 g Butter
250 g Joghurt
1 Knoblauchzehe

Zubereitung:

Die Schale vom Kürbis entfernen und das Fleisch in Würfel schneiden.
Die Butter in einem Topf erhitzen, die Kürbiswürfel dazugeben und garen.
Die Knoblauchzehe zerdrücken und unter den Joghurt rühren. Den Joghurt auf einen flachen Teller geben und die gegarten Kürbiswürfel darübergeben.

Qeysî û tûyên qelandî

Malzeme:

250 gr. qeysî
250 gr. tû
4 hêk
200 gr. rûn

Çêkirin:

Qeysî û tûyan bi îskanekê avê di taweyekê de bikelînin. Wan ji avê derxînin. Di taweyê de rûn bihelînin. Qeysî û tûyan têkin nav rûnên helandî û 2 deqîqeyan bi hev re biqelînin. Dû re hêkan nav de hûrkin. Hêk ku pijiyan, xwarin çêbûye.

Beilage mit getrockneten Maulbeeren und Aprikosen

Beilagen

Zutaten:

250 g getrocknete Aprikosen
250 g getrocknete Maulbeeren
4 Eier
200 g Butter

Zubereitung:

Die getrockneten Aprikosen und Maulbeeren in 200 ml Wasser 3 Min. kochen. Die Trockenfrüchte aus dem Wasser nehmen, abtropfen lassen und mit Butter in einer Pfanne anbraten. Nach 2 Min. die miteinander verquirlten Eier dazugegeben und wie Rührei braten.

Süßes

Şîranî

Helîse

Malzeme:

100 gr. şekir
300 ml. av
100 gr. ard
125 gr. rûnê dawar

Çêkirin:

Şekir têkin nav avê, ardan hêdî hêdî têkin nav û tevdin, ku gilok nebin. Rûn bihelînin xerca ku we çêkiriye, berdin nav û tevdin heta ku pijiya.

Süßer Brotdip

Zutaten:

100 g Zucker
300 ml Wasser
100 g Weizenmehl
125 g Butter

Zubereitung:

Den Zucker in Wasser auflösen. Mit einem Schneebesen langsam das Mehl unterrühren.
Die Butter erhitzen und mit dem Rest verrühren. Unter ständigem Rühren 5 Min. kochen.

Tipp:
Passt sehr gut zu Fleischgerichten

Süßes

Xweşav

Kompott mit Trockenfrüchten

Malzeme:

250 gr. mewij
250 gr. qeysî
1 lt. av
150 gr. şekir

Zutaten:

250 g getrocknete Weintrauben
250 g getrocknete Aprikosen
1 l Wasser
150 g Zucker

Çêkirin:

Mewij û qeysiyan rind bibijêrin û bişon. Avê bikelînin, şekir têkin nav û tevdin, qeysî û mewijan têkin nav. 10-12 saetan bihêlin û ji bo xwarinê hazir dibe.

Zubereitung:

Von den getrockneten Früchten die Stiele entfernen und kurz waschen. Das Wasser kochen und den Zucker darin auflösen. Diese Flüssigkeit über die Früchte gießen und über Nacht ziehen lassen.

Bişiyên tirş

Malzeme:

500 gr. ard
1 hevîrtirş
250 gr. rûn
250 gr. şekir
1 kevçiya qehwê, xwê
300 ml. av

Çêkirin:

Ardan, hevîrtirş û xwê têkin nav hev. Wan bi ava şîregerm hevîr bikin. Hevîr daynin bila 30 deqîqe tirş bibe.
Bi qasî goga tenîsê hevirê gir gud kin, rind pan kin û di taweyekê de rûn biqelînin û gudên pankirî tê de bipijînin. Şekir têkin ser bişiyan û ew ji bo xwarinê hazir in. Mirov dikare di rûnê gula ber biro de jî bipijîne.

Varyant:

Pariyên qazan

Malzeme û çêkirina wî wek bişiyan e. Cudayetî tenê di şiklê wê de ye. Hevîr ku amade bû, gilor gilor di nav rûn de bipêjînin. Dû pijandin re şekir pê wer kin û bixwin. Noş î can be!

Hefebrot

Zutaten:

500 g Weizenmehl
1 Stück Hefe
1 TL Salz
250 g Butter
200 g Zucker
300 ml Wasser

Zubereitung:

Das Mehl in eine Schüssel füllen und in der Mitte eine Mulde formen. Dort hinein die Hefe bröseln, das Salz hinzugeben und das Ganze dann nach und nach mit lauwarmem Wasser zu einem Teig kneten. Den Teig mit einem Tuch bedeckt 30 Min. ruhen lassen. Dann daraus tennisballgroße Stücke formen, diese plattdrücken und in der Pfanne in Butter oder in Öl anbraten. Den Zucker darüber streuen und essen.

Variante:

Süße Brotbällchen

Zutaten und Zubereitung der süßen Brotbällchen entsprechen dem Hefebrot. Einziger Unterschied ist ihre äußere Form. Hier werden kleine Teigbällchen geformt und in der Pfanne von allen Seiten angebraten. Auch diese zum Schluss mit Zucker bestreuen.

Helaw

Malzeme:

250 gr. rûnê dawar
450 gr. ard
400 ml. av
400 gr. şekir

Çêkirin:

Rûn bihelînin, ardan hedî hedî têkin nav rûn û tevdin. Ard ku xilas bûn, berdewam tevdin hetanî ku rengê qehweyê girt. Quşxaneyeke cuda de du îskan av, tevî şekir bikelînin. Gava tevdana helawê bibe, bila pênc deqîqe bisekine û dû re şîraniya ku we çêkiriye berdin ser û tevdin bila rind li hev bikevin.

Süßigkeit, die zum Tee gegessen wird

Zutaten:

250 g Butter
450 gr Weizenmehl
400 ml Wasser
400 gr Zucker

Zubereitung:

Die Butter in einem Topf erhitzen und langsam unter ständigem Rühren das Mehl dazugeben. So lange rühren, bis die Masse dunkelbraun wird (dauert ca. 40 Min.). Dann 5 Min. ruhen lassen. In einem anderen Topf den Zucker in Wasser auflösen und kochen, danach 10 Min. abkühlen lassen. Anschließend das Zuckerwasser mit der Mehl-Buttermasse verrühren und auf einem Backblech ausrollen. Zum Schluss die abgekühlte und steife Masse in Stücke schneiden und servieren.

Girara îmaman

Malzeme:

200 gr. gûz
200 gr. findiq
200 gr. mewij
200 gr. hêjîr
200 gr. xurme
200 gr. danên kutandî
200 gr. lobiyên spî
200 gr. tû
500 gr. şekir
1 lt. şîr
1 kevçiya qehweyê, xwê
3 lt. av

Çêkirin:

Findiqan rojeke berê bikelînin, qalikên wan derxînin. Lobiyan rojekê berê de têkin ava kelî, daynin bila nerm bibin. Lê mêze bikin, ger rind nerm nebûbe, wan hinekî bikelînin. Dan hetanî ku nerm bûn, bikelînin, findiq û lobiyan têkin nav danên ku dikele. Tamên din hemûyan bişon û têkin nav. 15 deqîqeyan bi hev re bikelînin. Av, şîr û şekir têkin nav û 15 deqîqeyên din bikelînin. Dû re daynin ser agir. Germ an jî sar tê xwarin.

Nuh:

Demek hebûye, ku mirov geleke xirab bûne. Yezdan (xwedê) ji qûlên xwe bi hêrs ketiye. Yezdan ji wan jiyana baştir daxwaz kiriye, lê wan pêk neanîne. Yezdan ji bo ku wan ceza bike, tofan rakiriye. Yezdan beriya ku tofanê rabike ji Nuh Pêxember re gotiye ku ev keştiyek (sefîn) wer mezin çêbike ku, ji her mexlûkî cotek tê de bi cî bibin. Nuh Pêxamber emrê Yêzdan pêk aniye. Dem hatiye, Nuh pêxember li keştiya xwe siwar bûye ji her mexluqê nêr û mêyek (jin û mêr) girtiye keştiyê, bi wan re jî ji her tamê bi xwe re girtiye keştiyê. Dema ku xwarina wan qediyaye, wan tamên mayî, gişt bi hev re kelandine û xwarine. Ev girar ji wê demê pê ve tê kelandin.

Gotin:

Lê bawarmendên elewî û şîî di meha Muharem de, dû rojiya Muharem re, ku di wê mehê de Imam Husên li Kerbelayê ji hêla Yezid ve hate şehîd kirin û 12 rojên Muharem ji bo Elewî û Şîiyan, bûye rojên reşgirêdana 12 îmaman. Ji bo bîranîna wan 12 roj rojî digirin, vê girarê dikelînin û belav dikin.

Fastensuppe mit Trockenfrüchten

Zutaten:

200 g gehackte Walnüsse
200 g gehackte Haselnüsse
200 g getrocknete Feigen
200 g getrocknete Datteln
200 g Sultaninen
200 g Weizen (Asure)
200 g getrocknete weiße Bohnen
200 g Maulbeeren
500 g Zucker
1 l Milch
1 TL Salz
3 l Wasser

Zubereitung:

Am Tag zuvor die Haselnüsse kochen und die Haut davon entfernen, sowie die weißen Bohnen in heißem Wasser quellen lassen.
Den Weizen vorkochen bis er weich ist. Die gequollenen Bohnen und die bearbeiteten Haselnüsse zur Weizenmasse geben und mit den Walnüssen und Früchten verrühren. Alles 15 Min. lang in Wasser kochen lassen. Die restlichen Zutaten dazugeben und noch einmal 10 Min. lang kochen lassen.

Dieses Gericht kann kalt oder warm gegessen werden.

Man sagt:

Imam Hüseyin, der Sohn von Ali, wurde im Monat Muharem in Kerbala von Yezid ermordet. In Erinnerung an den Verlust ihres Kalifen trauern Aleviten und Schiiten zwölf Tage lang und fasten dabei. Seit alters her wird diese Fastensuppe zum Tag des Fastenbrechens gekocht und an Verwandte, Freunde und Nachbarn ausgeteilt.

Noah und die Fastensuppe:

Es gab eine Zeit, zu der die Menschen sehr schlecht waren. Gott war erzürnt und ermahnte seine Geschöpfe. Aber die wollten nicht auf ihn hören. Da strafte Gott sie damit, die Erde zu überfluten. Nur ein Mann lebte mit seiner Frau nach Gottes Regeln. Dies war Noah. Deshalb wies Gott ihn vor der Flut an, ein großes Schiff zu bauen – groß genug, dass von jedem Geschöpf ein Paar an Bord gehen könne. Noah bat seine Freunde beim Bau um Hilfe, diese aber lachten ihn aus und ließen ihn mit seiner Aufgabe allein. Als Noah mit der Arche fertig war und von jedem Geschöpf ein Paar an Bord gegangen war, schickte Gott die Sintflut über die Erde. Lange kreuzte die Arche auf den Meeren. Als das Essen am Ende knapp wurde, suchten Noah und seine Familie alle Vorratsreste zusammen und kochten daraus diese Suppe.

Die traditionelle kurdische Küche. Ein Kochbuch
Xwarinên kevneşopiyên kurdan. Pirtûkeke xwarinê

Hülya Baba (Text u. Idee)
Fotografien der Gerichte: Christina Fischer / Sonstige Fotografien: Hülya Baba
Übersetzt aus dem Kudischen (Kurmanci) von Ilanit Doege und Hülya Baba
Layoutentwurf: PURETEXT, Susanne Kretzer

Dritte Auflage 2016

Druck und Bindung: Livonia Print Ltd., Riga
ISBN 978-3-922825-11-1